Illisibilité partielle

VALABLE POUR TOUT OU PARTIE
DU DOCUMENT REPRODUIT

1. Armateurs et marins bretons
   antillais. — Un voyage au long cours au
   commencement du 18e siècle: de Brest
   aux îles françaises d'Amérique

2. Les premières courses de Duguay-Trouin.

3. Les conquêtes G. M. de Balleroy, chef
   d'escadre (Brest, 1776. 1780)

4. Lettres inédites de Th. M. Laennec.

5. Revolte d'écoliers au collège de Vannes
   (18e s.)

6. Le procès de Louis XVI et la Révolution
   du 31 mai, d'après des lettres inédites
   de Blad, député de Brest à la Convention
   nat.le

7. Le meurtre et le Cannibalisme rituels.

8. Aperçu général de la Criminalité sur le
   tard en France.

9. Notes et réflexions sur la justice criminelle
   en France : à propos de l'affaire
   Anastay.

8° Z
14929

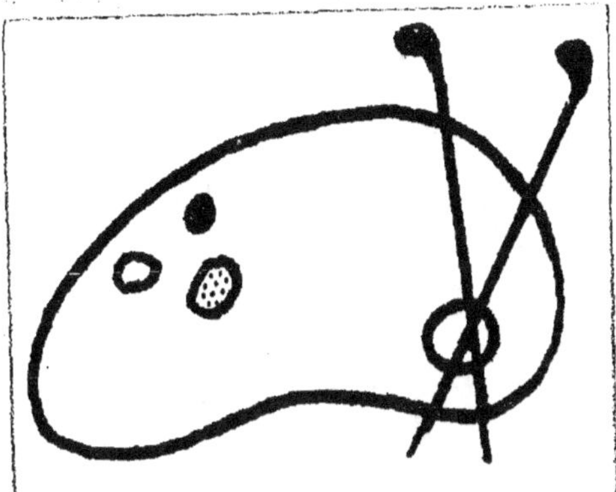

Début d'une série de documents
en couleur

BIBLIOTHÈQUE
D'ANTHROPOLOGIE CRIMINELLE ET DES SCIENCES PÉNALES

APERÇU GÉNÉRAL

DE LA

CRIMINALITÉ MILITAIRE

EN FRANCE

PAR

A. CORRE

LYON

A. STORCK, IMPRIMEUR–ÉDITEUR

Rue de l'Hôtel-de-Ville, 78.

—

1891

DOCUMENTS

de Criminologie et de Médecine legale

A. STORCK, Éditeur   G. MASSON, Éditeur
78, Rue de l'Hôtel-de-Ville   120, Boulevard Saint-Germain
LYON   **PARIS**

BIBLIOTHÈQUE DE CRIMINOLOGIE
Publiée sous la direction du Dr A. LACASSAGNE

I. — Em. RÉGIS (Dr). — LES RÉGICIDES DANS L'HISTOIRE ET
    DANS LE PRÉSENT, avec 20 gravures................ 3 fr. 50

II. — G. TARDE. — PHILOSOPHIE PÉNALE, 1 vol. in-8°, 2me Édit. 7 fr. 50

III. — E. LAURENT. — LES HABITUÉS DES PRISONS, 1 gros vol.
    in-8° avec nombreux portraits, planches et gra-
    phiques.. 10 fr.

IV. — RAUX, *Directeur de la 20e circonscription pénitentiaire.*
    — NOS JEUNES DÉTENUS. Étude sur l'enfance
    coupable. 1 vol. in-8°.............................. 5 fr.

V. — A. LACASSAGNE. — L'AFFAIRE GOUFFÉ, 1 vol. in-8°, 4 pl
    hors texte, 2me Édit................................ 3 fr.

Sous presse

G. TARDE. — MÉLANGES CRIMINOLOGIQUES.

PAUL DUBUISSON, médecin en chef de l'asile Sainte-Anne. — DE LA
RESPONSABILITÉ CRIMINELLE. *Caractères distincts de l'aliéné et du criminel.*

V. AUGAGNEUR (Dr). — DE LA PROSTITUTION. *Études de physiologie et
de pathologie sociales.*

LANNOIS (Dr), agrégé à la Faculté de Médecine de Lyon. — LE SOURD-
MUET. *Étude médicale et sociologique avec application au droit civil
et au droit criminel.*

A. LACASSAGNE. — HYGIÈNE DE LYON. *Compte-rendu des travaux du
Conseil d'Hygiène publique et de salubrité du département du Rhône*
(1re partie), Lyon, in-8° de 410 pages...................... 10 fr. »

A. LACASSAGNE. — HYGIÈNE DE L'ARRONDISSEMENT DE LYON (2me partie)
*Rapports présentés au Conseil d'hygiène publique et salubrité du Rhône.
Inconvénients généraux des établissements industriels,* in-8° 600 p.,
5 cartes dont 4 en couleurs.............................. 10 fr. »

G. MASSON, Libraire-Éditeur

PARIS. — 120, boulevard Saint-Germain et rue de l'Éperon. — PARIS

A. LACASSAGNE, professeur de médecine légale à la Faculté de
    Lyon. — *Précis de Médecine judiciaire.* 2e édition, (Bib. dia-
    mant.) 1 fort vol. in-12. Cart. perc........................ 7 fr. 50

A. LACASSAGNE. — *Précis d'hygiène privée et sociale,* 3e édition.
    (Bib. diamant.) 1 fort vol. in-12. Cart. perc.............. 7 fr.

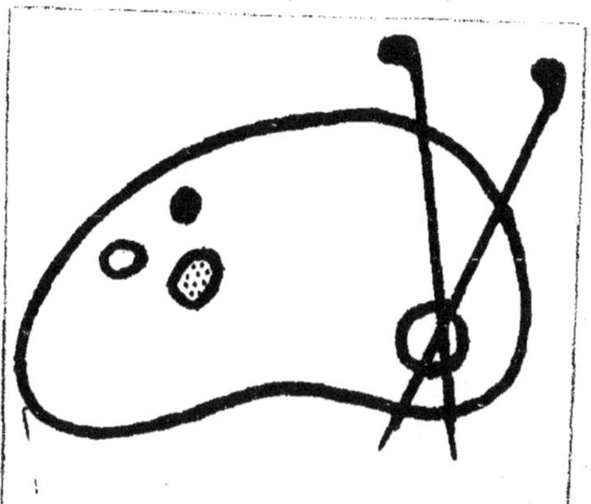

Fin d'une série de documents
en couleur

APERÇU GÉNÉRAL

DE LA

CRIMINALITÉ MILITAIRE EN FRANCE

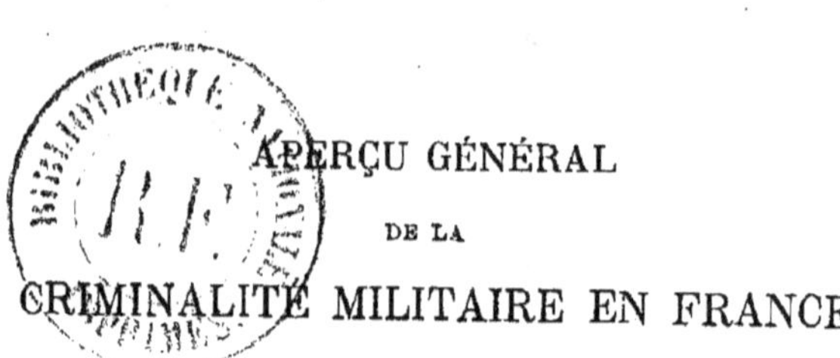

BIBLIOTHÈQUE
D'ANTHROPOLOGIE CRIMINELLE ET DES SCIENCES PÉNALES

APERÇU GÉNÉRAL

DE LA

CRIMINALITÉ MILITAIRE

EN FRANCE

PAR

A. CORRE

LYON
A. STORCK, Éditeur
78, rue de l'Hôtel-de-Ville

PARIS
G. STEINHEIL, Éditeur
2, Rue Casimir-Delavigne

1891

APERÇU GÉNÉRAL DE LA CRIMINALITÉ MILITAIRE EN FRANCE

par le Dʳ A. CORRE

Je n'entends pas présenter ici une étude complète et détaillée du crime-délit dans le milieu militaire : elle exigerait de trop longs développements et surtout l'analyse d'une suite de matériaux trop difficiles à réunir. Il se publie, chez nous, des masses de documents précieux, mais que les administrations abandonnent à leurs employés les moins soucieux de les utiliser ou réservent gracieusement pour les étrangers. Hors de Paris, il est presque impossible à un travailleur d'obtenir une communication de ces documents et nos bibliothèques de province (sauf de rares exceptions), n'en reçoivent de temps à autre que de maigres parcelles. On sera sans doute étonné d'apprendre qu'une ville comme Brest ne possède pas, entre plusieurs bibliothèques assez considérables, une série continue de dix années de statistiques, relatives à la justice militaire et à la justice maritime ! J'ai donc renoncé à entreprendre, pour les manquements jugés par les conseils de guerre, un relevé général, parallèle aux affaires jugées par les tribunaux communs. D'un autre côté, les statistiques officielles sont dressées sur des plans très défectueux, remplies de lacunes regrettables, exécutées avec une routine nonchalante (on sent qu'un Yvernès n'a point passé dans les services où les tableaux se confectionnent) et les dossiers, où l'on pourrait puiser des renseignements si instructifs, sont enfouis au plus profond des greffes, interdits aux profanes, c'est-à-dire aux personnes les plus compétentes pour en tirer profit. Fort heureusement, il se rencontre, au sein des administrations les plus rébarbatives, des individualités intel-

ligentes et complaisantes : grâce à quelques-unes, j'ai été mis
à même de compulser un assez grand nombre de dossiers, et,
grâce au hasard, j'ai acquis des statistiques isolées, corres-
pondant à des périodes caractéristiques de notre évolution
militaire. J'ai pris, comme base de ce mémoire : 1ᵒ les comptes-
rendus de la justice militaire pendant les années 1839 et 1849
(armée monarchique et armée de la seconde république, orga-
nisées d'après la loi de 1832), pendant les années 1865-66-67
(époque impériale, armée soumise à la loi de 1832, diversement
modifiée), pendant les années 1880-1886 (armée de la troisième
république sous la loi de 1872, qui a préparé la loi définitive
du 14 juillet 1889); 2ᵒ les résumés analytiques de 205 affaires de
conseil de guerre (greffe central de la marine à Brest), affaires
relatives à 225 accusés (troupes et équipages de la flotte).

Toute collectivité humaine est régie d'après des lois de convention, qui ont pour but d'assurer son existence, dans les
conditions les plus favorables à l'intérêt du plus grand nombre.
Ces lois nécessaires varient selon les temps et selon les lieux,
car elles doivent dépendre des besoins de l'agglomération.
Nous nous sommes débarrassés ou à peu près, des lois qui
prétendaient imposer aux citoyens une croyance religieuse, un
respect servile à certaines catégories de privilégiés, parce que
les relations s'inspirent de principes plus indépendants et aussi
plus sages qu'autrefois. Mais nous subissons (et plus durement
que jamais) les obligations découlant du développement excessif
de l'esprit de nationalité. L'exclusivisme des races civilisées
les entraîne dans une perpétuelle défiance les unes vis-à-vis des
autres et les condamne au militarisme. Pour rester libres dans
leur étroit égoïsme, ou forcer leurs voisins à reconnaître leur
suprématie, les peuples se font les esclaves volontaires de la pire
tyrannie, et, dans la période la plus active, la plus intellec-
tuelle, la plus productive de leur existence, consentent à l'abandon de leur être, à une sorte d'annihilation, entre les mains
d'un petit nombre de dirigeants, qui exploitent le patriotisme
contre les droits de l'humanité. C'est une honte, mais qu'il nous

faut subir, et tout en maudissant une tendance stérilisante,
quand elle n'est pas dévastatrice, nous ne pouvons nous y
soustraire. Le danger qui menace notre sécurité nous contraint
d'accepter les lois militaires. La soumission à ces lois, demeu-
rées de nécessité, est au fond de même ordre que la soumission
aux lois communes, qui souvent obligent l'homme à des sacri-
fices aussi contraires à son individualisme. L'homme de haute
culture, jeté tout à coup dans la vie grossière de la caserne,
souffre-t-il davantage que l'humble ouvrier, en pleine possession
d'aptitude au travail, et obligé à la restreindre, faute du capital
qui lui donnerait d'emblée large essor, au milieu des splendeurs
et des opulences, lot immérité et surabondant d'un si grand
nombre d'oisifs dans les villes? L'un et l'autre obéissent à une
discipline pénible, révoltante, au point de vue de la morale
naturelle et du droit naturel, et cependant la raison leur
ordonne de ne point entreprendre une lutte dangereuse autant
qu'inutile. L'un et l'autre doivent résister aux velléités d'empor-
tement qui les assaillent, se plier à des obligations répugnantes,
en attendant une réforme du temps et des progrès de la civilisa-
tion. Je ne prétends pas dire qu'ils aient à accorder intimement
leur conscience à un état de choses imparfait ou contraire au bon
sens, souvent inique, mais seulement qu'ils ont à se conformer
à cet état de choses autant que son renversement immédiat
paraîtra susceptible de nuire à l'intérêt collectif, en des conditions données. En agissant ainsi, ils font œuvre de sociaux, et
les réfractaires accomplissent une œuvre de nom contraire. Les
modalités psychiques d'adaptation ou de non-adaptation aux
conventions sont si bien de même ordre, dans leurs rapports avec
les obligations du milieu, quelles que soient celles-ci, que les
mêmes impulsivités, déjà surprises en faute devant la loi commune, se retrouvent fatalement trébuchantes devant la loi militaire, et *vice-versa*. Dans les régiments, beaucoup d'atteintes
à la discipline, plus ou moins connexes à des délits vulgaires,
ont pour auteurs des individus antérieurement condamnés à la
maison correctionnelle ou à la prison, à la suite de vols, de

rébellions ou de violences, et, dans la vie civile, plus d'un criminel se dessine au sortir d'un régiment où il a accumulé les punitions de toutes sortes à l'occasion des manquements les plus divers. Il n'est donc pas illogique d'opposer en masse le crime-délit militaire au crime-délit non militaire. Mais on ne saurait oublier que le premier comprend, à côté de délits communs, des délits *spécialisés*, dérivant de nécessités *spéciales*, et que le code des armées va souvent si loin dans son entrave aux tendances et aux sentiments les plus naturels de l'homme, qu'il peut amener des résistances non toujours assimilables à celles du délinquant ordinaire, dans l'excès de sa compression.

Sans nous laisser aller à de plus longues considérations théoriques, voyons comment le crime-délit, sous ses diverses formes et dans son ensemble, a évolué et se manifeste au sein des milieux militaires.

I. — *Évolution générale*

Personne n'ignore le mode d'organisation de l'ancienne armée. Elle se composait de mercenaires étrangers et de recrues locales plus ou moins volontaires. Les meilleurs sujets, sortis du peuple et de la petite bourgeoisie, ne pouvaient dépasser les grades subalternes. Un corps d'officiers arrogants, trop souvent incapables, ne s'ouvrait guère qu'à la noblesse et, dans celle-ci, qu'aux favoris du roi ou de ses maîtresses. Le régiment était comme un troupeau d'hommes, donné en propriété à quelque privilégié, parfois encore enfant : le maître s'en servait sans ménagement... pour sa gloire, en temps de guerre, et pour ses intérêts, en temps de paix, gardant pour lui l'argent destiné à la solde ou à l'équipement, lorsqu'il était à bout de ressources. On mâtait le soldat à coups de baguettes ; on le pliait sous le joug d'une discipline à la fois barbare... et relâchée : on lui demandait avant tout l'humble soumission à une caste, quitte à lui tolérer les plus gros écarts vis-à-vis des simples particuliers. On le dédommageait des ennuis de la carrière, aux dépens des paysans et parfois aussi du bourgeois. On avait des soudards aptes à tout faire et ce qu'ils commettaient en pays français, on peut le lire dans les mémoires relatifs aux guerres de religion, l'apprendre au récit des dragonnades, ordonnées contre ses propres sujets par un roi-jésuite ; ce qu'ils étaient capables d'exécuter en pays ennemi, sous la conduite des chefs réputés les plus humains, on le voit au cours de la campagne de Turenne de 1674 (premier incendie du Palatinat) et au cours de la campagne de Catinat de 1690 (guerre du Piémont). En 1735, les soldats de l'armée d'Italie pillent effrontément les villes et les bourgades sans défense : ils trafiquent de leurs vols ouvertement, « refusant la viande fournie par le roi de Sardaigne, pour se nourrir de volailles dérobées dans les campagnes », ils ne respectent pas même les femmes et un général répond à de justes représentations qu' « il faut bien pardonner quelque chose à des gens qui n'ont que quatre sous par jour » (précisément la somme allouée aux geoliers par tête des prisonniers !) Après la journée de Rosbach (1757), le comte de Saint-Germain a la douleur d'écrire : « je conduis une bande de voleurs, d'assassins à rouer ; ils ont pillé, violé, saccagé et commis toutes les horreurs possibles. » A la Révolution, l'armée devient nationale, sans valoir beaucoup mieux qu'auparavant sous le rapport moral : les bataillons de fédérés et de sans-culottes ont du patriotisme, mais fort peu de discipline et ils renferment un trop grand nombre « de pillards sans vergogne et d'ivrognes », prêts à fuir au premier coup de canon (colonel Hennebert). Même sous l'Empire, nos régiments laissent à désirer dans leur conduite : les agglomérations sont trop considérables pour être l'objet d'une surveillance rigoureuse, et la continuité des guerres, qui entretient la brutalité des caractères, oblige à des recrutements en masse d'où toute sélection est bannie, ne permet aux chefs aucun loisir pour l'établissement d'une organisation disciplinaire apte à réfréner les

mauvais instincts (1). Mais cette période troublée sert d'école,
et, sous la Restauration, des hommes éminents mettent la main
à des règlements militaires, qui sont un acheminement vers
une réforme des mœurs et des habitudes dans l'armée. Celle-ci
commence sérieusement à s'améliorer. Toutefois, on ne possède
des éléments d'appréciation statistiques qu'à partir de 1833,
avec les comptes-rendus officiels de l'administration de la justice militaire : un code définitif n'est d'ailleurs promulgué
qu'en 1857 (2).

En 1832, une ordonnance mémorable règle le recrutement
et l'organisation générale de l'armée. L'appel sous les drapeaux a lieu par la voie du tirage au sort (3), qui consacre
une inégalité, par la voie de l'engagement volontaire et du
remplacement, qui introduit dans les rangs, avec un certain
nombre de sujets *à vocation*, beaucoup de non valeurs et de
déchets, individus incapables d'une profession définie, écume
des basses couches ou déclassés des autres. C'est à cette source
qu'un rapport de 1839 n'hésite pas à attribuer la forte proportion du crime-délit dans l'armée, tout en déclarant que la
mesure a peut-être son bon côté, l'élimination hors du milieu
civil des tarés, plus faciles à maintenir dans le milieu militaire. On compte « près d'un tiers d'engagés volontaires et de
remplaçants, la plupart d'une moralité équivoque... Ce sont
ces deux classes qui fournissent les 64 0/0 des condamnés. Il
semble, au premier abord, qu'on pourrait regretter de voir
l'armée chargée d'hommes qui n'y cherchent un refuge qu'alors
que la société les repousse. Cependant, en y réfléchissant,

(1) Nos adversaires valent encore moins que nous : là dessus, lire les curieux
rapports de Wellington sur la guerre d'Espagne.

(2) Jusqu'en 1857, la justice militaire est rendue d'après les dispositions du
code de 1709, à peine revisé par les lois de l'an III et de l'an V. Le code de 1857
appliqué l'année suivante à la marine, avec quelques changements nécessaires,
a reçu des modifications de détail en 1875.

(3) Dont le principe, formulé sous la monarchie, a été mis en application surtout à partir de l'époque révolutionnaire.

on ne tarde pas à se convaincre que, si la sévérité de la discipline échoue parfois dans ses tentatives pour les ramener au bien, la loi militaire, dans sa rigueur, oppose un frein salutaire à leurs mauvais penchants, et que ces caractères, qu'excite souvent un excès d'énergie, viennent plus tard se plier au devoir sous le joug du régime pénitentiaire. En partant de ce point de vue, l'admission de pareils sujets dans l'armée peut donc être regardée comme un bien pour la société, puisqu'en définitive elle produit un véritable amendement dans la conduite et le moral des individus. » La statistique donne alors 3029 condamnés, sur 4367 individus jugés par les tribunaux militaires (conseils de guerre), soit, pour un effectif de 317,578 hommes, un condamné sur 104 et un accusé sur 72. Il y a 3708 sujets prévenus de crimes et délits militaires (1/85) et 639 de crimes et délits communs (1/466).

En 1849, la situation apparaît plus mauvaise. Le pays vient de subir une révolution, dont les effets se sont repercutés jusque dans l'armée. En outre, le gouvernement républicain s'est vu dans l'obligation de récompenser la jeune garde mobile (qui l'a aidé à triompher de l'insurrection socialiste, dans les sanglantes journées de juin) par une incorporation très large aux troupes de ligne, et cet élément très brave, mais turbulent, sans grande moralité (1), a dû apporter avec lui la contagion de l'indiscipline et d'habitudes mauvaises. Le chiffre des condamnés s'élève 5154 et celui des accusés ou prévenus à 7378, soit, par rapport à un effectif de 412,706 hommes, un condamné sur 80, et un accusé sur 55 (mais il conviendrait de diminuer le nombre des accusés de 870 français ou indigènes d'Algérie jugés par les conseils de guerre, bien que

(1) La garde mobile avait été organisée en 1848 avec des volontaires très jeunes, principalement recrutés sur le pavé de la capitale. « C'étaient des gens sans aveu, l'écume de Paris (Castille). Leur solde prétorienne de 30 sous par jour expliquait, selon le préfet de police Ducoux, le débordement de la prostitution. » (Victor Marouck, *juin 1848*, p. 25). Leur « férocité inouïe » vis à vis des insurgés n'empêcha pas le gouvernement d'avoir à s'en défier et de songer à s'en débarrasser ; il leur ouvrit un débouché dans l'armée active.

n'étant pas militaires). Il y a 5132 crimes et délits militaires (1/80) et 2246 crimes et délits communs (1/183).

Avec l'Empire, une amélioration très notable se dessine et s'affirme, parallèle à la dépression de la criminalité hors du milieu militaire. Je ne pense pas que le règne de Napoléon III ait été aussi démoralisateur que certains le prétendent ; s'il n'a point eu l'éclat des vertus opportunistes, il a marqué une détente dans les rivalités sociales, très accentuée sous l'influence de la tranquillité publique. L'armée, qui éprouve ordinairement le contre-coup des conditions dominantes au sein du milieu collectif, a, malgré des expéditions lointaines, montré de sérieux progrès. Son recrutement a d'ailleurs été très heureusement modifié par l'intervention de l'Etat dans le choix des remplaçants (remplaçants administratifs, pris parmi les libérables de bonne conduite) et par l'admission du système des primes en faveur des rengagés méritants ; la garde impériale, corps privilégié, est en outre un stimulant pour les meilleurs sujets, qui cherchent à s'en ménager l'accès par leur respect des obligations professionnelles. Dans la période 1865-66, l'année moyenne donne, avec un effectif de 403,042, 4097 condamnés (un sur 98 hommes), et 4947 accusés (un sur 81 hommes). Il y a 4026 crimes et délits militaires (1/100) et 921 crimes et délits communs (1/437). L'amélioration d'ensemble serait donc due surtout à l'amoindrissement de la criminalité militaire, et même le délit commun resterait en proportion un peu plus forte qu'en 1839.

Avec la troisième République, l'armée est devenue un milieu de passage pour tous les citoyens valides ; mais, à l'époque où s'arrêtent nos relevés, le service est encore très inégalement obligatoire et il admet des engagés conditionnels, des volontaires d'un an, à côté de catégories qui contribuent très diversement à remplir les charges déclarées communes. Néanmoins, le brassage, tout incomplet qu'il est, dissémine les pires dans un flot d'indifférents ou de bons ; les foyers de contagion de la délinquance perdent de leur intensité, et la criminalité, dans l'armée, tombe fort au-dessous des époques précédentes, en dépit de la périclitation de plus en plus attristante des mœurs générales. L'année moyenne, pour la période 1885-86, donne, avec un effectif de 541,304, 4531 condamnés (un sur 119 hommes) et 5216 accusés ou prévenus (un sur 103 hommes) : de ces derniers, 4483 relèvent de crimes prévus par le Code militaire (1/120) et 733 de crimes ou délits jugés d'après le Code pénal ou commun (1/738) ; l'amélioration semblerait s'affirmer dans les deux catégories du manquement.

Ainsi se résume l'évaluation de la criminalité militaire, dans les périodes que j'ai choisies comme les plus typiques :

	Prop. des Accus. ou Préven. à l'effectif.		
	Crimes et délits milit.	Crimes et délits comm.	ENSEMBLE
1839	1/85	1/466	1/72
1849	1/80	1/183	1/55
1865-66	1/100	1/437	1/81
1885-86	1/120	1/738	1/103

Il y a donc, si l'on élimine l'année pertubatrice 1849, diminution continue des accusés ou prévenus militaires, et ce phénomène est en opposition remarquable avec l'accroissement non moins continu du crime-délit dans le milieu général. En effet, aux époques correspondantes avec celles qui précèdent, le rapport des crimes et des délits (réunis) aux chiffres de la population s'exprime par un dénominateur de plus en plus faible, c'est-à-dire que l'attentat se condense en des fractions de plus en plus réduites et partant plus multipliées de la population,

qu'il *augmente par conséquent : il a plus que doublé entre
1836-40 et 1881-85 :

	CRIMINALITÉ GÉNÉRALE : AN. MOYENNE		
	Population moyenne	Crimes et délits	Rap. des crimes et délits à la pop.
1836-40	33.600.000	88.430	1/390
1846-50	35.600.000	132.860	1/267
1861-65	37.200.000	147.700	1/251
1881-85	37.800.000	191.020	1/190 (1)

Mais la moralité du milieu militaire n'est pas exactement
appréciable d'après les mêmes facteurs qui déterminent la moralité générale, ou plutôt, si la seconde est une en ses éléments, l'autre se décompose. Malgré que la soumission aux
obligations conventionnelles de temps et de lieux, qu'elles
qu'elles soient, caractérise le social, cependant les exigences
du milieu militaire sont, dans certains cas, trop spéciales,
pour qu'on puisse opposer en bloc et comme indice d'un état
réfractaire parallèle, les manquements constatés dans ce milieu
à ceux constatés dans la population civile. Il importe de savoir
si l'armée s'améliore réellement par un assouplissement d'ensemble à toutes les obligations qu'on lui impose, qu'elles soient
communes ou particulières, ou bien si l'amendement se produit
seulement par une assuétude aux unes ou aux autres. Or, pour

---

(1) La criminalité militaire, en son ensemble, reste supérieure à la criminalité
civile (phénomène que Tarde invoque à l'appui de l'origine criminelle de la
guerre, (*Phil. pén.* p. 415). Mais les deux tendent à se rapprocher par une
sorte de convergence due à la rétrogradation relative de l'une et à l'augmentation relative de l'autre. On verra même tout à l'heure que, défalcation faite
de l'attentat militaire proprement dit, la criminalité tombe, dans l'armée, au-
dessous de la criminalité générale (crimes et délits) dans le milieu civil.

répondre à cette question si importante, il y a lieu d'apporter de gros changements dans la forme des statistiques. Celles-ci, sous la rubriques crimes et délits militaires, comprennent bien tous les manquements prévus par le Code spécial, mais ne distinguent pas entre des catégories très différentes : dans l'une, le crime-délit mérite son épithète, parce qu'il n'a sa raison d'être et ne peut exister que dans le milieu ; dans l'autre, il ne diffère point, de sa nature, de ce qu'il est hors du milieu, il est simplement *militarisé*, en raison de considérations d'ordre intérieur. Je ne vois à laisser dans le crime-délit militaire, que la désertion (1), l'insoumission aux appels, l'insubordination à tous les degrés (du refus d'obéissance à la voie de fait envers un supérieur), la non exécution d'une consigne, l'abandon d'un poste et la trahison. Le vol, la dissipation et la destruction d'effets militaires, les vols d'argent commis au préjudice de militaires, les faux en écritures militaires et divers autres crimes de même ordre, relèvent d'impulsivités similaires ou analogues à celles qui entraînent à l'attentat banal, et, s'il convient de les séparer de celui-ci, parce qu'ils ont été commis en des conditions de relations spéciales, au moins devrait-on les grouper sous une rubrique nouvelle. Ce que les statistiques n'ont point établi, j'ai essayé de le faire. J'ai éliminé les manquements non caractérisés ou placés sous le titre *divers ;* j'ai conservé sous le titre de Crimes et délits militaires les manquements auxquels j'ai fait allusion plus haut, et placé sous le titre de crimes et délits militaires tous les manquements analogues ou similaires des crimes et délits communs, mais en différant par le milieu d'exécution, la qualité des personnes ou

(1) Le Code militaire distingue sept formes de désertion : la désertion à l'intérieur simple (absence illégale ou abandon du corps à l'intérieur, forme de beaucoup la plus fréquente) ; la désertion à l'intérieur avec circonstances aggravantes (avec enlèvement d'effets militaires ou d'armes, etc.); la désertion à l'étranger simple ; la désertion à l'étranger avec circonstances aggravantes, la désertion avec complot, la désertion devant ou à l'ennemi, la désertion des officiers.

des propriétés lésées, ici militaires, là civiles. J'ai pu ainsi dresser le tableau suivant :

	CRIMES ET DÉLITS MILITAIRES		Crimes et délits militarisés — Nombre annuel moyen	Crimes et délits communs — Nombre annuel moyen	CRIMES ET DÉLITS militarisés et comm réunis	
	Nombre annuel moyen désertion — autres	Rapport à l'effectif			Nombre annuel moyen	Rapport à l'effectif
1839	606 — 395 / 1001	1/317	2626	659	3285	1/90
1849	598 — 1018 / 1616	1/296	3224	2246	5470	1/75
1865-66	681 — 1175 / 1856	1/222	2047	921	2968	1/135
1885-86	984 — 2014 / 2998	1/180	1443	733	2176	1/248

Les indications que fournissent ces chiffres sont des plus nettes. Il y a amélioration réelle dans la moralité qu'on pourrait appeler banale, — démontrée par l'amoindrissement rapide des crimes-délits communs et de leurs analogues dans le milieu spécial : phénomène qui, mis en regard de l'accroissement de la criminalité générale, est bien propre à établir l'heureuse influence de la discipline autoritaire sur l'impulsivité dirigée vers l'attentat de cause vulgaire (1). Il y a résistance de plus en plus accentuée à l'obligation spécialisée, — démontrée par l'augmentation énorme du crime-délit militaire

---

(1) Cette influence de la discipline est si réelle, que les militaires en congé ou en situation d'absence du corps à un titre quelconque fournissent, relativement au petit nombre des sujets placés momentanément dans ces conditions, une proportion beaucoup plus forte de crimes et de délits communs, qui se confondent dans la criminalité générale. Il semblerait même que, rendu tout à coup à la vie banale, le soldat se dédommage de la contrainte du régiment par des abandons plus faciles à la faute. Les crimes-délits des militaires jugés par les

proprement dit (1) : phénomène qui exprime les progrès d'une transformation radicale dans l'état des esprits, d'une révolution sociale, avec l'impatience d'un joug contre nature, d'un fardeau devenu plus lourd pour l'homme civilisé moderne. Le défaut d'assouplissement atteint un maximum dans l'armée la mieux nationalisée, c'est-à-dire à l'époque où le recrutement se généralise et admet le moins de sélections. Le militarisme est le fléau des peuples affinés. S'ils pouvaient s'entendre, afin d'écraser les égoïsmes qui l'entretiennent, tout serait pour le mieux. Mais les nationalités, restant en perpétuelle défiance et jalousie les unes vis-à-vis des autres, sont par cela même condamnées à le subir. L'irritation de cette contrainte se manifeste partout, et un jour viendra où de l'excès des armements jaillira l'éclat qui y mettra fin. Les armées disparaîtront et feront place aux associations de travailleurs utiles. La prochaine guerre précipitera le dénouement..., en jetant bas les derniers trônes, et c'est peut-être la conviction de cet avenir, chez les principaux intéressés à la conservation des choses, qui retardera le plus longtemps son échéance. Même après une défaite de la France, le boulevard de la démocratie européenne,

tribunaux ordinaires augmentent jusqu'aux derniers temps de l'Empire; ils ont notablement diminué dans la période actuelle.

Militaires condamnés par les Cours d'assises et les Tribunaux correctionnels

	1839		1849		1865-66 Année moy.		1885-86 Année moy.	
Assassinats, meurtres	1		1		2		»	
Homicide, inv., coups et bles., voie de fait	28	33	40	45	208	250	39	45
Viols, attentats à la pudeur et aux mœurs	4		4		40		6	
Faux	24	88	23	102	6	219	2	84
Vols, escroquerie, abus de confiance	64		79		213		82	
Divers		45		42		158		36
Totaux		166		189		627		165

(1) Surtout progressif par la désertion simple à l'intérieur, qui, en 1865-66, donne 37, 5 p. 100 du nombre des prévenus dans l'ensemble des désertions (condamnés, 34 0/0) et, en 1885-86, 77,5 p. 100 du nombre des prévenus dans dans l'ensemble des désertions (condamnés 76, 5 0/0).

les armées auront vécu, avec les monarchies qui s'appuient
sur elles.

Dans l'armée de mer, les conditions d'origine, si elles restent
les mêmes que dans l'armée de terre pour les troupes dites de
marine (infanterie et artillerie) et même pour une portion des
contingents de la flotte (matelots provenant du recrutement ou
des engagés volontaires), sont très différentes pour la portion
la plus intéressante de ces derniers, formée des *inscrits*, c'est-
à-dire des marins levés sur le littoral et astreints au service de
l'Etat de 18 à 50 ans, par périodes variables selon les besoins
du pays, en retour de certains privilèges. La dissemblance des
origines, jointe au caractère du milieu, apporte-t-elle une note
particulière dans le développement du crime-délit ? Pour
répondre à cette question, je prendrai comme base principale
les statistiques des conseils de guerre permanents des arron-
dissements maritimes, dont les opérations se rapprochent le
plus de celles des conseils de guerre de l'armée de terre : elles
se résument ainsi pour un ensemble de deux périodes trien-
nales :

| | 1865-66-67 | | | 1880 81 84 | | |
| | Effectif annuel moyen | ACCUSÉS OU PRÉVENUS | | effectif annuel moyen | ACCUSÉS OU PRÉVENUS | |
		Nombre annuel moyen	Rapport à l'effectif particulier		Nombre annuel moyen	Rapport à l'effectif particulier
Equipages de la flotte (officiers et assimilés non compris.........	7.507	273	1/27	11.132	128	1/86
Troupe de la marine en service métropolitain (infanterie et artill.).	8.801	61	1/144	13.219	93	1/142
Totaux....	16.308			24.351		

Le chiffre du manquement apparaît sensiblement plus faible
dans les troupes de la marine que dans les troupes de la guerre :
ce que je n'attribue pas seulement à l'excellent esprit des

premières, mais aussi à ce que l'on est forcé de les opposer, en deux corps bien sélectés, à un ensemble de troupes composées d'éléments très divers. Le chiffre des manquements est au contraire beaucoup plus élevé dans la flotte : ce qu'il faut expliquer par les conditions *sui generis* du milieu. La vie maritime, même dans les ports, est pénible ; pour les sujets provenant du recrutement, elle contraste singulièrement avec les habitudes de l'intérieur ; pour beaucoup d'engagés, elle comporte plus d'une désillusion, et si les inscrits apportent avec eux des habitudes professionnelles tout acquises, des qualités très estimables puisées dans la famille, ile ont aussi une indépendance de caractè), une rudesse d'allures, qui les entraînent à de gros écarts. Il n'est pas étonnant que, dans ces conditions, la désespérance des uns et l'inégalité d'assouplissement des autres engendrent les résistances. On tolère bien des incartades ; la discipline, pour être sévère, n'en est pas moins très souvent indulgente : cependant le crime–délit se maintient assez fort.

Pourtant, la même tendance à l'amélioration que l'on constate dans l'armée de terre se fait aussi sentir dans l'armée de mer et les rapports ont soin de la signaler. Elle présente cette particularité dans sa marche, qu'elle résulte de la diminution simultanée des crimes-délits militaires, militarisés et communs.

Prévenus jugés par les Conseils de Guerre permanents des arrondissements maritimes

	Effectifs moyens dans la période (1)	Crimes et délits militaires proprement dits		Crimes et délits militarisés		Crimes et délits communs	
		Nombre Désert. — Autres	Rapport à l'effectif	Nombre	Rapport à l'effectif	Nombre	Rapport à l'effectif
1865-66-67	17.518	106 — 53 / 159	1/110	115	1/152	63	1/278
1880-81-82	24.970	74 — 35 / 109	1/229	62	1/402	40	1/625

(1) Effectifs appartenant à l'ensemble des ressorts ; ils ne concordent pas exactement avec les chiffres qui précèdent, parce que dans la répartition des délits, l'on a glissé des éléments que je n'ai pu éliminer ; mais les différences sont minimes.

L'état maritime, en même temps qu'il accuse sa participation à l'amélioration morale, dans l'ensemble de nos forces nationales, semblerait tendre à peser moins lourdement sur ceux qui lui sont soumis que l'état purement militaire, résultat tout à l'honneur d'un corps d'officiers très expérimentés, très perspicaces de la nature et du caractère de leurs hommes, aussi très habiles à maintenir l'équilibre entre la tolérance et la répression. Il n'est pas impossible non plus, que le résultat constaté dans la marine tienne au développement de plus en plus grand donné aux écoles éducatives, préparant à la profession maritime. Ces écoles sont au nombre de deux (à Brest) (1); celle des *pupilles* reçoit, dès l'âge de 12 ans et même de 7 (orphelins), les enfants des familles de marins et d'ouvriers des arsenaux; celle des *mousses*, les élèves de l'école des pupilles arrivés à l'âge de 14 ou 15 ans et les enfants de même âge directement présentés par les familles, en des conditions déterminées. Les sujets sortent de ces écoles, non seulement instruits, mais encore assouplis aux exigences d'un rude métier par une éducation excellente : ils fournissent plus tard aux cadres de cette admirable maistrance, qui est l'une des forces de notre marine, au double point de vue de la moralité et de la valeur professionnelle.

Il eût été intéressant de dresser le bilan comparatif du manquement chez les militaires, en temps de paix et en cours de campagne. A la Guerre, on n'y a point songé. Les statistiques de la Marine produisent à cet égard quelques chiffres : pendant l'expédition du Mexique, les troupes du département et les équipages qui ont pris part aux opérations, malgré un effectif assez important, n'ont eu, année moyenne, que 59 prévenus de 1862 à 1864, et seulement 22 de 1865 a 1867. L'état de guerre n'est que trop propre à exalter tous les mauvais instincts (2) ; mais

(1) Sans parler d'une école de mécaniciens qui se recrute par concours, et d'une école pour l'instruction des jeunes ouvriers de l'arsenal.

(2) On a beau répéter que la guerre développe, avec le mépris de la mort, les sentiments d'honneur et de sacrifice, l'homme sensé entrevoit d'autres manières plus profitables aux collectivités et plus dignes de civilisés, d'entretenir les mêmes sentiments.

le redoublement de la discipline, au moins parmi les troupes victorieuses ou non démoralisées par l'inertie des chefs, réfrène les tendances et l'activité de la vie de campagne vaut peut-être mieux pour les natures impulsives que la tranquillité oiseuse des garnisons. Je parle bien entendu des armées modernes, dirigées par des autorités vigilantes, et je ne fais allusion qu'aux actes individuels du soldat. L'armée prussienne nous a donné l'exemple d'une grande retenue habituelle, chez le soldat, mais hélas! plus que compensée par un système perfectionné de pillage et de rançonnement, émanant de l'autorité elle-même.

II. — *Développement comparé en France, en Algérie et aux colonies*

Je relève ici une des plus fâcheuses lacunes des statistiques officielles. Elles ne consacrent aucun tableau à la répartition régionale des prévenus : 1° sous le rapport de l'origine ou de la provenance (ce qui eût permis de suivre, au régiment comme au civil, les tendances de chaque groupement ethnique, de vérifier si les habitudes délinquantes du Breton, du Normand, du Parisien, etc., sont aussi intensives et de formes similaires dans le milieu spécial que dans le milieu commun (1) ; 2° sous le

(1) Voici comment se décompose, dans mes notes, la série des 225 prévenus dont j'ai étudié les dossiers au greffe maritime de Brest (on remarquera le chiffre élevé des provenances parisiennes).

Provenances	Troupes de marine	Flotte	Ensemble
Département du Finistère.	3	46	49
Autres départements bretons.	17	21	38
Autres dép. de la rég. de l'Ouest.	10	8	18
Départements de la rég. du Nord.	13	5	18
Paris et département de la Seine.	20	6	26
Départements de la rég. de l'Est.	7	»	7
— du Sud.	»	3	3
— du Cent.	5	3	8
Colonies	1	1	2
	76	93	169
Provenances non notées			56

BIBLIOTHÈQUE NATIONALE R F

rapport des lieux de garnison (ce qui eût permis d'étudier les
influences particulières rayonnant sur le soldat, en chaque
région de corps d'armée ou en chaque arrondissement maritime).

Pour l'Algérie elle-même, il est très difficile de se faire une
idée précise de la criminalité dans les corps qui y sont fixés :
nous retrouverons bien tout à l'heure quelques-uns de ces corps
isolément mentionnés, mais les troupes de ligne ne sont point
séparées des effectifs généraux. Néanmoins, avec quelques
chiffres fournis par les annuaires de Bloch, chiffres relatifs à
l'effectif d'ensemble de la province et aux prévenus de cet
effectif, j'ai pu, après élimination des indigènes soumis à la
juridiction militaire, obtenir une moyenne de 5 années : de
1880 à 1884, l'effectif moyen est de 60385 hommes ; il y a,
année moyenne, 1481 prévenus (1 sur 40 hommes) et 1314
condamnés (1 sur 45 hommes). La moralité de nos troupes
d'Afrique est donc très inférieure à celle de nos troupes métro-
politaines, ce que j'inscris sans commentaires. Toutefois, il
est juste de ne pas oublier que l'armée d'Afrique compte des
corps spéciaux particulièrement détestables, quelques-uns même
constitués par des hommes déjà frappés de condamnations et
dont la délinquance influe sur le chiffre moyen de l'ensemble
(compagnies de punition).

Dans nos colonies, au contraire, malgré que l'on rencontre
aussi dans les effectifs des éléments tarés (disciplinaires), la criminalité est inférieure ou de bien peu supérieure à celle de la mé-
tropole. Les chiffres acquièrent une grande précision à cet égard,
car les statistiques de la marine ont intelligemment distingué
les juridictions et il est aisé de dresser avec elles des tableaux
de comparaison. Déjà, pour les années 1865-66-67, on a :

	ANNÉES	AUX COLONIES	DANS LA MÉTROPOLE
Pour les troupes de la marine	1865	1/190 ⎫	1/148
et par rapport à leurs effectifs	1866	1/156 ⎬ moy. 1/173	1/111
particuliers, prévenus :	1867	1/230 ? ⎭	1/172

Pour les années suivantes, et principalement pour la période 1877-79, que j'ai eue complète sous les yeux, un effectif moyen de 13.780 hommes de troupes coloniales (infanterie et artillerie de marine, disciplinaires et troupes indigènes) offre une moyenne de 110 prévenus : c'est 1 pour 125 hommes, proportion moins favorable que pour les troupes de la marine en service métropolitain (1/140 environ), mais meilleure que pour les troupes de la guerre, prises en leur ·ensemble (1/100).

On ne saurait faire intervenir le facteur climatologique pour expliquer ces différences, soit à titre d'excitant, soit à titre de déprimant. Le climat algérien, dans la zône méridionale tout au moins, est aussi excessif que celui de la plupart de nos colonies, et cependant l'on constate un énorme écart entre la délinquance des troupes algériennes et la délinquance des troupes coloniales. En outre, dans les mêmes milieux, ces dernières ont présenté une augmentation du nombre des manquements, de 1867 à 1877-79. Un facteur d'ordre socio-logique a dû intervenir et ce facteur, je soupçonne que c'est l'alcoolisme. L'alcoolisme est une plaie dans les garnisons d'Afrique, où l'absinthe coule à flots; il est en train de le devenir aussi dans nos possessions d'outre-mer, où le tafia remplace l'absinthe. Il est plus à redouter, pour nos soldats, que le voisinage et la fréquentation forcée des transportés dont la contagiosité est pourtant si pernicieuse : la preuve, c'est que les troupes de nos colonies pénitentiaires (Guyane et Nouvelle Calédonie), où les hommes, mieux surveillés, trouvent moins d'occasions de s'enivrer, fournissent moins de prévenus que les troupes de nos colonies non pénitentiaires (Antilles, Réunion, Cochinchine), où les hommes rencontrent plus de facilités pour la consommation des liqueurs alcooliques (rhum et tafia, eau-de-vie de riz, etc.); dans les premières, les troupes de la marine ont, année moyenne, 35 prévenus, et, dans les secondes, 45.

*III. — Répartition suivant les titres qui lient au service
et sa durée, les catégories d'armes et de corps, de grades
et de rangs.*

A. — Dans l'ancienne armée, le minimum des manquements est fourni par les rengagés, soldats assouplis au milieu
et maintenus au corps après avoir fait la preuve d'une bonne
conduite : ils donnent 1 prévenu sur 426 hommes de l'effectif
particulier du groupe, en 1839, et 1 sur 529, en 1849. Le
maximum des prévenus s'observe, avec un écart considérable,
parmi les engagés volontaires, jeunes gens provenant de toutes
les couches, inclassés des grandes villes, souvent entraînés à
l'indiscipline par la désillusion de leurs espérances : 1 sur 29 de
l'effectif particulier du groupe en 1839, 1 sur 32 en 1849. Les
remplaçants, généralement de provenance grossière, de moralité maintes fois douteuse, mais n'éprouvant pas un choc trop
intense du passage de leur couche dans le régiment, ont 1 prévenu sur 42 de l'effectif de leur catégorie en 1839, et 1 sur
47 en 1849. Les jeunes soldats (provenant du sort et servant
en personne), tiennent une sorte de milieu, avec 1 prévenu sur
90-100 de leur effectif.

Sous l'Empire, il y a moins d'écarts entre la criminalité ou
la délinquance des diverses catégories. Il y a toujours des
rengagés et des remplaçants au titre de la loi de 1832 ; mais
une loi nouvelle crée des remplaçants choisis par l'administration et qui diminuent le groupe précédent de leurs meilleurs
sujets ; déjà une autre loi, celle du 26 avril 1855, avait modifié
les conditions du rengagement. Les militaires rengagés d'après
cette dernière (rengagement avec prime, sous la condition d'une
conduite et d'une aptitude professionnelle reconnues excellentes)
ont le minimum des prévenus, 1 sur 116 de l'effectif particulier. Viennent ensuite les jeunes soldats, avec 1 prévenu sur
100 de leur effectif ; les remplaçants administratifs, avec 1 pré-

venu sur 83, les substituants et remplaçants de famille (catégorie relativement sélectée) avec 1 prévenu sur 79 ; les remplaçants et les rengagés au titre de 1832, avec 1 prévenu sur 59, et enfin, avec un chiffre à peine différent de celui des époques précédentes, 1/35, les engagés volontaires.

Dans la période 1885-86, les jeunes soldats donnent 1 prévenu sur 162 de l'effectif particulier, les derniers remplaçants qui subsistent aux corps, 1/126 ; les engagés volontaires, au titre de la loi de juillet 1872, et les engagés au titre étranger ou indigène réunis ont 1 prévenu sur 39 hommes : mais les engagés conditionnels d'un an, recrutés parmi des couches de choix, ne fournissent que 1 prévenu sur 254. Ce dernier résultat est sans doute un peu fictif, car ce que j'ai vu de la conduite de nombreux volontaires d'un an ne m'a pas édifié sur l'excellence des allures et de l'esprit de la catégorie ; on passait à ces jeunes gens beaucoup d'écarts qu'on ne tolérait pas chez le soldat ordinaire, et le faible chiffre proportionnel de leurs manquements doit se ressentir d'une extrême indulgence à leur égard.

Mais, de l'ensemble des relevés, une indication se dégage, très importante à la veille de la constitution d'une armée coloniale. On parle de recruter celle-ci par la voie de l'engagement volontaire : qu'on réfléchisse aux conséquences possibles d'un tel mode de recrutement, en des milieux où les populations sont trop naturellement portées à la licence et trop ignorantes de toute autorité, au simple coup d'œil jeté sur les tableaux de l'administration de la justice militaire ! Fort heureusement, une catégorie détestable et sur le compte de laquelle la légende de 1792 a contribué à faire luire un rayonnement très immérité, disparaît chez nous avec la loi de 1889. Tout le monde sachant qu'il doit un égal impôt de sa personne à son pays, il n'y aura plus ni entraînements de fausse vocation ni désillusion pour aucun ; les impulsivités trop ardentes et impondérées se fusionneront en s'amendant dans une masse commune ; la moralité de celle-ci s'affirme sous l'action autoritaire, tout en témoignant d'une certaine impatience d'un joug peu conciliable avec les aspirations des peuples civilisés, mais jusqu'à nouvel ordre nécessaire à leur sécurité.

La valeur morale comparée des catégories du recrutement ressort avec non moins d'évidence de la statistique des envois aux compagnies de discipline (fusiliers disciplinaires, recevant les soldats condamnés au corps pour divers manquements, et pionniers, recevant directement les individus tombés au sort, convaincus de mutilations volontaires ou de simulations de maladies) :

Envois aux Compagnies dites de discipline

	1839		1865-66		1885-86	
	Nombre	Rapport à l'effectif particulier	Nombre année moyenne	Rapport à l'effectif particulier	Nombre année moyenne	Rapport à l'effectif particulier
Jeunes soldats............	116	1/1253	172	1/801	482	1/832
Engagés volontaires......	205	1/138	215	1/262	389	1/163
Eng. volont. apr. libérat.	—	—	100	1/180		
Engagés conditionnels....	—	—	—	—	3	1/1088
Rengagés........	11	1/1240	807	1/329	—	—
Remplaçants	306	1/228	132	1/289	—	—
	641		976		874	

Dans la marine (troupes et équipages), les engagés volontaires apparaissent aussi, assez généralement, comme des catégories douées de qualités morales et professionnelles inférieures; mais je ne saurais dire à quel degré cette infériorité se montre, faute d'une suffisante décomposition des effectifs particuliers sur les statistiques.

B. — L'assuétude au milieu, si elle varie selon les conditions de provenance des recrues, se manifeste, dans l'ensemble des groupes, d'autant plus ferme et exempte de secousses, après l'arrêt des premières résistances et l'élimination des impulsivités irréformables, que le temps de service a été plus long. Mais il est impossible d'établir par quelle gradation s'acquiert l'habitude professionnelle, à quel moment précis l'homme appartient bien décidément à son corps. Aux époques de service prolongé, inégalement imposé à tous, seulement ouvert à un certain nombre de soldats et de sous-officiers jusqu'à l'heure de la retraite, les statistiques n'admettent que 2 catégories : celles des militaires ayant plus de 7 ans de service, et des militaires ayant 7 années de service ou au-dessous (1). Les premiers donnent, par rapport à leur effectif particulier, 1 prévenu sur 97 hommes, dans la période 1865-66 et 1 sur 85 en 1849. Les seconds ont 1 prévenu sur 79 hommes, dans la période 1865-66, et 1 sur 58 en 1849. Ces proportions sont ordinaires, mais non constantes. Il y a eu des exceptions, comme en 1864, et surtout de 1836 à 1837, époque où les militaires « qui avaient plus de 7 années de service ont produit proportionnellement un nombre de prévenus et de condamnés plus considérable que les militaires depuis moins de temps sous les drapeaux ». Phénomène qu'un rapport constate avec étonnement et signale comme « contraires aux prévisions théoriques ».

C. — Le tableau ci-contre donne une idée de la répartition du crime-délit militaire d'après les catégories d'armes, de grades et de rangs.

On remarquera que le manquement est, en général, proportionnellement moins fréquent dans les corps techniques, exigeant des hommes des connaissances *de métiers*, à côté des connaissances militaires, avec une instruction relative (génie, artillerie, etc.), aussi dans la cavalerie, déjà moins sélectée, mais

---

(1) Des statistiques plus récentes présentent bien une décomposition des chiffres de prévenus et de condamnés par petites périodes de service, mais sans rapports proportionnels aux effectifs particuliers. Ainsi, en 1885-86, l'on a :

Avec moins de 1 an de service		1467 prévenus et		1294 condamnés.
Entre 1 et 3 ans	—	1787	—	1549	—
Entre 3 et 5 ans	—	865	—	724	—
Entre 5 et 7 ans	—	91	—	74	—
Au-dessus de 7 ans	—	75	—	54

CRIMES ET DÉLITS

JUGÉS PAR LES TRIBUNAUX MILITAIRES ET MARITIMES

RÉPARTITION DES PRÉVENUS

D'APRÈS LES CATÉGORIES D'ARMES, DE GRADES ET DE RANGS

	1839 Effectifs	1839 Prév.	1839 Rap.	1849 Effectifs	1849 Prév.	1849 Rap.	1865-66 Effectifs	1865-66 Prév.	1865-66 Rap.	1885-86 Effectifs	1885-86 Prév.	1885-86 Rap.
A. Guerre (Conseil de guerre).												
1° Catégories d'armes :												
a Gendarmerie	14.007	1		16.147	15		19.667	3		22.607	5	
Garde municip. de Paris	2.010	1 } 7	1/239	—	— } 23	1/737	2.803	4 } 10	1/2388	3.139	1 } 14	1/1961
Pompiers de Paris	641	5		821	8		1.413	3		1.722	8	
Garde impériale	—	—	—	—	—	—	28.082	73	1/385	—	—	—
b Infanterie (avec l'inf. lég. d'Afrique et la lég. étrang.)	208.206	2371	1/88	—	—	—	—	—	—	—	—	—
Inf. (sans les corps précéd.)	—	—	—	260.752	3.510	1/74	207.869	2346	1/89	291 963	1526	1/191
c Caval. (y comp. celle d'Afriq.)	42.580	445	1/96	56.276	752	1/75	50.785	616	1/83	67.207	546	1/123
d Artill., ouvriers et pontonn.	25.178	265	1/95	34.539	342	1/101	34.126	289	1/118	71.039	339	1/181
Génie et ouvriers	6 041	31	1/195	9.723	94	1/104	7.425	39	1/182	12 170	44	1/295
Train des équip., ouv. d'adⁿ et soldats d'ambulance	4.879	44	1/111	10.198	139	1/73	8.017	63	1/130	12.087	61	1/197
e Légion étrangère	—	—	—	5.542	124	1/45	5 261	146	1/38	9.285	529	1/18
Tirailleurs algériens	—	—	—	—	—	—	7.425	221	1/33	13.031	200	1/65
Infanterie légère d'Afrique	—	—	—	4.150	550	1/8	3.414	328	1/10	4.451	268	1/16
Corps de punition (pionniers et disciplinaires)	1.400	108	1/13	1.570	145	1/11	1.743	81	1/21	1.381	85	1/16
2° Catégor. de grades et rangs												
Officiers	17 415	12	1/1451	16.681	27	1/617	22.492	9	1/2499	25.959	12	1/2253
Sous-officiers	19.784	59	1/335	24.989	177	1/141	32.154	101	1/319	41.173	147	1/281
Brigadiers et caporaux	24 477	168	1/167	31.012	317	1/98	43.188	222	1/194	46.600	192	1/243
Soldats	256.902	4044	1/63	349.841	5.984	1/58	305.207	4516	1/67	427.532	3937	1/109

B. Marine (Ensemble des jurid. : Cons. de guerre perm. des arr. marit., cons. de guerre à bord, cons. de just.)

	ANNÉE MOYENNE 1865-66-67 Effectifs	Prévenus	Rap.	ANNÉE MOYENNE 1880-81-82 Effectifs	Prévenus	Rap.
Officiers, assimilés, aspirants		1			2	
Marins { 1ers maîtres et maîtres		»			»	
2er maîtres	42.525	5 } 485	1/87	28.012	2 } 216	1/129
Quartiers-maîtres		29			15	
Matelots, apprentis-marins, etc.		451			199	
Militaires { Sous-officiers		6			5	
Brigadiers et caporaux	8.801	5 } 64	1/136	13.219	14 } 96	1/137
Soldats		53			77	

(Les effectifs ne sont pas décomposés dans les relevés officiels).

soumise à une éducation spéciale par un personnel d'officiers à
l'esprit large et assez tolérant, — que dans l'infanterie, immense
foyer où viennent se déverser les sujets de qualités et d'apti-
tudes les plus extrêmes et où l'officier est souvent... un peu
tâtillon. Quant aux chiffres relevés pour les corps particuliers
d'Afrique, ils n'ont rien qui doive surprendre, lorsqu'on
réfléchit à leur constitution. Les tirailleurs indigènes sont
recrutés par voie d'engagement parmi les non-valeurs sociales
de la population arabe, les musulmans sans attaches ni
croyances, séduits par l'appât de la solde et de l'uniforme,
l'espérance d'imiter nos pires habitudes (alcoolisme) sans
rencontrer de réprobation autour d'eux. La légion étrangère
est formée de déserteurs ou d'engagés volontaires de toutes
nationalités. L'infanterie légère recevait les hommes condamnés correctionnellement avant l'incorporation et aujourd'hui
versés dans les bataillons de discipline, et ceux-ci indiquent
assez leur composition par leur titre.

Un fait sur lequel on ne saurait trop vivement appeler l'at-
tention, c'est, en regard d'une tendance à l'amoindrissement
continu du délit chez le soldat et chez les caporaux ou briga-
diers, qui émergent à peine du rang, la manifestation d'une
tendance analogue sensiblement moins accentuée chez l'officier
et même d'une tendance renversée chez le sous-officier. En
1849, la moralité du corps d'officie s était tombée très au
dessous de ce qu'elle apparaissait au cours de la période précé-
dente. Sous le régime actuel, bien que plus élevée que sous la
Monarchie, elle semble inférieure à ce qu'elle a été sous l'Empire. Pour les sous-officiers, elle va se réduisant de période en
période, avec une chute particulièrement accentuée en 1849.
L'intrusion de la politique et aussi du favoritisme dans les
couches les plus intelligentes et les plus ambitieuses de l'armée,
donne sans doute l'explication du phénomène relativement à la
catégorie des officiers. Les influences perturbatrices sont peut-
être plus complexes dans la catégorie des sous-officiers. Le recrutement de ces auxiliaires indispensables du commandement, les

éducateurs immédiats du soldat, est devenu difficile et partant
moins sélecté, à mesure que les débouchés dans les carrières
civiles se sont agrandis pour les hommes de moyenne instruction; il l'est bien davantage depuis l'énorme extension des
cadres, exigée par le remaniement de notre système militaire.
Les sous-officiers sont tous très jeunes et, à un âge où les
entraînements sont les plus intensifs, ils n'ont plus auprès
d'eux ce contrepoids que rencontraient jadis leurs collègues au
début de la carrière, dans l'union avec de vieux sergents che-
vronnés, rompus aux conditions du service, de bon exemple
et de bon conseil à l'occasion, en dépit de quelques vices; ils
sont aussi trop exaltés, trop flagornés, j'oserai le dire, et,
ne cessant d'entendre vanter leur importance et leurs mérites,
ils s'amoindrissent à mesure qu'on multiplie pour eux les pro-
messes alléchantes et qu'on diminue la distance qui les
sépare de l'officier, ils deviennent moins dociles ou même récal-
citrants, ils s'abandonnent plus aisément à la licence et à
l'inconduite : le service leur pèse dès que l'épaulette leur apparaît trop éloignée et leurs prétentions sont loin d'être toujours
en rapport avec leur bagage de connaissances générales et
spéciales (1). Je me borne à résumer là dessus des impressions
que je ne puis écarter après de nombreux contacts. L'officier,
à son tour, qui se recrute dans une proportion considérable
parmi l'élément précédent, n'arrive pas à se dégager de l'esprit
acquis : Saint-Maixent reste en opposition avec Saint-Cyr, et
il y a rivalités fâcheuses entre des catégories appelées à servir
en des conditions uniformes, mais ne comprenant pas leur rôle
de la même façon. Autrefois, l'antagonisme était moins profond :
l'officier sorti des rangs s'imposait à tous par la force des apti-
tudes de métier dont il avait dû faire la preuve, et, quand il

(1) Je constate comme un *signe* d'amélioration l'augmentation du chiffre des
rengagements des sous-officiers : l'année dernière il s'élevait à 44 p. 100. Les
sons-officiers arriveraient donc à concilier... de justes aspirations, avec des
capacités spécialisées, et à se contenter d'une situation moyenne, pondérée et
pondératrice.

ne possédait qu'une maigre instruction, il était tout le premier à reconnaître certains côtés de son infériorité vis à vis de ses collègues sortis de l'école. Aujourd'hui, l'officier sorti de la petite école, parfois plus dégrossi que formé, n'admet pas la moindre supériorité chez le collègue sorti de la grande. Il n'y a point de gros conflits, mais les actes de chaque jour se chargent de souligner, trop fréquemment, les différences d'allures et de tendances selon les origines du recrutement.

Les choses ne vont pas de même dans la marine, ou elles s'y atténuent. Je ne saurais, faute d'effectifs partiels, le démontrer par des chiffres précis. Mais on en peut avoir la conviction, si on rapproche les chiffres moyens des prévenus, dans les catégories, de l'ensemble des effectifs, en tenant compte de la proportion habituelle des grades et des rangs, qui ne s'éloigne pas sensiblement de celle qu'on rencontre à la Guerre. On notera que, dans la marine, la plupart des sous-officiers (maîtres) et un assez grand nombre de matelots sont mariés, circonstance très propre à assurer la moralité du personnel. La situation de maître est d'ailleurs entourée de prérogatives et d'égards qui la rendent très enviable, et, comme dans l'armée anglaise, le sous-officier de marine se cantonne volontairement en sa catégorie; les sujets d'élite ont grande ouverte la porte des situations plus élevées par la voie du concours, qni d'emblée leur confère le grade d'enseigne de vaisseau ou de mécanicien principal. Le corps d'officiers a ses défauts, dont le plus saillant est une survivance de l'ancienne morgue aristocratique, aujourd'hui sans raison avec des provenances aussi mélangées (1); mais il a des qualités éminentes, beaucoup de dignité dans la conduite, l'esprit d'abnégation, un haut sentiment de ses devoirs

---

(1) J'y pourrais joindre l'esprit d'intrigue, que développe en son sein, chez les plus ambitieux, un épanouissement vraiment inouï du favoritisme : les régimes changent, les ministres se succèdent, les traditions persistent, et les dynasties *de fils d'archevêques* (ainsi qu'on appelle plaisamment les coteries privilégiés, qui gagnent à demeurer tranquilles en France ce que les autres n'obtiennent pas à courir les mers) se maintiennent au même degré de puissance.

vis à vis de ses subordonnés, avec lesquels il vit très intimement, malgré qu'il en soit séparé par une ligne de démarcation
formidable, celle d'un savoir exceptionnel. L'officier aime le
matelot, parcequ'il le connaît à fond, et le matelot aime
l'officier, parcequ'il n'ignore pas qu'il aura toujours son appui
et qu'entre eux il y aura toujours partage des misères et des
dangers; l'un a confiance dans l'autre; grâce à cette réciprocité,
la marine forme un tout d'une homogénéité remarquable, où
l'on ne découvre quelques dissonances qu'en certaines petites
catégories précisément trop imbues de vanités et de prétentions
peu justifiées.

IV. — *Facteurs étiologiques et récidivité*

Sur l'étiologie du crime-délit dans l'armée, les statistiques
officielles ne fournissent aucun élément d'appréciation ; c'est
avec les dossiers et avec les comptes-rendus sommaires des
opérations des conseils de guerre, qu'il faut établir une base
d'étude.

L'impulsivité qui entraîne le soldat ou le marin *hors de la
règle*, comme celle qui entraîne le délinquant vulgaire à
l'attentat, éprouve des variations saisonnières, mais elles-
mêmes plus ou moins modifiées par l'intervention de facteurs
sociologiques. Je ne crois pas inutile de rappeler à cet égard
ce que j'ai écrit dans mon mémoire sur le *Délit et le suicide à
Brest* (1). La répartition de 201 affaires, jugées par le Conseil
de guerre maritime et pour lesquelles j'ai noté la date du manquement, montre une analogie très frappante entre l'évolution
du délit dans la population civile et dans la population militaire. Cette évolution, si elle se rapproche de la marche de la
criminalité violente dans la région française, s'en éloigne par
quelques côtés. Une tendance à des montées régulières aux

(1) *Arch. d'Anthrop. crim.*, juillet 1890, p. 286.

époques vernale et estivo-automnale témoigne d'une intervention probable des facteurs climatériques ; mais le déplacement
des sommets locaux, comparé à la situation moyenne des
sommets généraux, semble traduire une action associée que
j'ai cru rencontrer dans les habitudes d'alcoolisme, si répan-
dues dans le foyer breton, « La courbe des affaires soumises
au Conseil de guerre maritime offre les mêmes sommets principaux que celles des délits jugés par le tribunal correctionnel,
mais avec un léger recul, que je ne suis pas arrivé à m'expliquer. Il y a une ascension vernale, en mars, suivie d'une
chute momentanée, qui se place en juin au lieu de mai, et la
réascension préestivale de la courbe correctionnelle est repré-
sentée par une montée éphémère reportée en juillet ; le maximum n'est atteint qu'en septembre. Cette évolution est presque
mathématiquement commandée par les chiffres des manquements militaires (désertion, absence illégale, refus d'obéissance, etc.) et c'est là un point digne de remarque, car il met
en lumière l'identité des impulsivités qui réagissent contre les
obligations sociales, toujours conventionnelles, sous quelque
forme qu'elles se dressent devant l'homme des collectivités.
Mais, dans les infractions militaires, comme dans celles qui
ne le deviennent qu'en raison du milieu, l'ivresse et l'alcoolisme chronique jouent un rôle non moins important qu'au
civil. L'étude des dossiers du conseil de guerre le prouve, et
l'examen de la courbe intermédiaire, dans laquelle se fusion-
nent les condamnations pour ivresse en service et les actes
commis sous l'influence de l'ivresse, le démontre par son
rapprochement avec la courbe d'ensemble. Il est curieux d'ob-
server que, chez les militaires, les délits communs présentent
un sommet en rapport avec celui de juillet du tracé général,
et que les autres montées reculent davantage, l'une formant
plateau d'avril à juin, la principale succédant à une chute
d'août à septembre et représentant le point culminant en
octobre. Ces retards sont peut-être explicables par des conditions extraordinaires d'appel, qui déplacent légèrement les

redoublements dans l'infraction, au moment ou les effectifs s'accroissent (nouvelles recrues ou réservistes) ; mais ce n'est là qu'une supposition sans fondement solide, car je n'ai pu la vérifier d'après des statistiques même approximatives... ».

L'alcoolisme, dans l'armée comme dans la population civile, est l'un des principaux facteurs de l'attentat. Les manquements les plus graves, les crimes et les délits de toutes sortes sont trop fréquemment commis sous l'influence de l'ivresse accidentelle, quelquefois doublée d'une prédisposition latente héréditaire, ou bien sous l'influence de la réduction psychique déterminée par une intoxication chronique. Chez les officiers, l'absinthisme est la cause ordinaire de la paralysie générale, depuis longtemps déjà reconnue très commune dans la catégorie.

Dans le crime-délit militaire proprement dit, les mobiles relèvent tantôt de la débauche, tantôt de la non adaptation professionnelle au milieu. De tristes affaires viennent de temps à autre révéler jusqu'où l'entraînement du jeu et de la femme peut conduire de jeunes sous-officiers (Châtelain fut un brave soldat, avant de subir l'amour d'une prostituée, et, de dégradation en dégradation, il en arriva à ce comble de l'avilissement, la trahison envers sa patrie). Mais l'attentat se restreint le plus souvent dans les limites de la désertion ou de l'insubordination, occasionnées par les récalcitrances d'un caractère mal assoupli, déprimé sous l'action de la nostalgie, aigri sous les excitations de brimades impitoyables, de vexations répétées, de brutalités tyranniques. Le suicide est parfois un dérivatif contre l'attentat, parfois aussi le duel, mais le premier dans une proportion beaucoup plus grande que le second, l'un et l'autre d'ailleurs regrettables au point de vue de la morale et ne prévenant le crime qu'au prix d'une équivalence. (1)

Dans le crime-délit militarisé ou de droit commun, l'intervention des mobiles cupides m'a semblé l'exception. Il ne faut

____

(1) Je renvoie, pour l'étude du suicide et du duel dans l'armée aux thèses de Mesnier et de Teissier (Lyon, 1881 et 1889, Storck, éditeur).

pas s'empresser de la déduire *à priori* de la nature des attentats le plus ordinairement constatés (vols, soustraction et vente d'effets, etc.), car presque toujours ceux-ci ont pour but la satisfaction de la voluptuosité. Au régiment, les sollicitations se produisent avec une intensité particulière, chez quelques individus, au contact de camarades ou peu scrupuleux, ou inconscients des passions qu'ils éveillent par l'étalage de ressources hors de la portée de leurs voisins. L'agglomération trop dense est mauvaise pour l'homme, à l'âge de certains besoins, qu'il n'a aucun moyen de satisfaire. Celui qui n'a rien et voit les autres s'amuser auprès de lui, celui qui souffre de la restriction génésique et entend le soir, résonner à ses oreilles les histoires grivoises du don Juan à la bourse garnie, est entraîné à chercher dans un manquement la misérable somme avec laquelle il espère contenter un appétit impérieux. L'État fait preuve de haute imprévoyance, en ne ménageant point, chez le soldat, un accord entre le tempérament d'adultes vigoureux et les conditions du milieu, qui comprime et exalte à la fois des élans naturels. Il est rare que l'entraînement se traduise par des viols ou des attentats à la pudeur, mais fréquemment il donne lieu à des dérobations destinées à fournir aux exigences de filles de basse prostitution. Les plus vicieux deviennent des pédérastes; les timides résistent aux tentations perverses pour s'abandonner aux joies solitaires de l'onanisme.

Sous les facteurs de milieu, l'on est autorisé à soupçonner, à divers indices, des impulsivités que préparent et entretiennent, chez plus d'un individu, des prédispositions congénitales ou acquises avant l'incorporation. L'armée écarte d'elle certaines infirmités, mais non pas toutes les dégénérescences, ni même toutes les morbidités susceptibles d'exercer une action perturbatrice sur le cerveau. Tout ce qui possède un *modus* conventionnel de conformation extérieure est admis dans les rangs, on garde ceux qui lui répondent, en dépit de la découverte ultérieure de petites anomalies très caractéristiques, mais qui n'apportent

aucun obstacle à l'exercice du fantassin, de l'artilleur ou du
cavalier, et l'on se montre d'autant plus facile que la profession
n'exige ni grande intelligence, ni grande sentivité, bien au
contraire ! Cependant que de tares somatiques et de tares héré-
ditaires les médecins découvrent dans les hôpitaux militaires,
que de pauvres diables ils sont obligés de réformer après coup
pour imbécillité ou idiotie, épilepsie larvée ou convulsive !
L'hystérie elle-même est aujourd'hui observée dans les casernes !
Les impulsivités sont contenues, parce que la discipline est un
moyen d'intimidation et que l'intimidation réussit même vis-à-
vis des fous. Mais dans quelle limite? Les conseils de guerre le
pourraient dire, si l'on fouillait leurs secrets. A Brest, sur un
peu plus de cent photographies de condamnés, j'ai constaté
presque toujours des physionomies suspectes ; la plupart des
visages sont larges, fortement mandibulés, avec les lèvres
épaisses ou très minces, plissées et contractées ; l'expression
quelquefois agréable et féminine, est ordinairement sournoise
et cynique, mauvaise ou bestiale ; elle ne dénote presque jamais
une intelligence bien éveillée ; le crâne est court et renflé aux
régions pariétales (les sujets proviennent de divers départements
de la région de l'ouest); il y a quelques asymétries crânio-faciales
évidentes (1). Sur les dossiers analysés (205), je découvre
comme antécédents : 10 fois l'existence d'un casier judiciaire
plus ou moins rempli, avant l'incorporation, et un séjour plus
ou moins prolongé, au cours de l'enfance ou de l'adolescence,
dans une maison [de correction (vagabondage, vol, coups);
22 fois l'existence d'un casier judiciaire au civil et un relevé
assez fort de punitions ou de condamnations au corps, pour

____

(1) A la prison maritime, on ne prend aucune mesure anthropologique, mais
seulement la photographie de face des condamnés à plus de 6 mois d'emprison-
nement. La physionomie des 105 portraits que j'ai étudiés, se décompose de la
manière suivante : — indifférente ou insignifiante, 22; — plutôt agréable par
la régularité ou la finesse des traits, l'expression de douceur et d'intelligence
féminines, 17; — désagréable à un titre quelconque, traits irréguliers (insymé-
triques) ou réguliers, mais grossiers, expression hébétée ou inintelligente,
brutale, méchante, provocatrice, ou sournoise, vaniteuse. rusée, 66.

manquements militaires ou de droit commun, surtout parmi des engagés volontaires provenant des grandes villes (Parisiens) 20 fois des condamnations prononcées pour la même faute obstinément répétée (désertion à l'intérieur, fréquemment, sans mobile et rappelant la fugue épileptique ou hystérique) ; 55 pour des fautes d'inconduite, intempérance, indiscipline ou mauvaise tenue. Dans le reste des cas, les antécédents sont bons ou ne sont pas spécifiés.

« Je ne donne pas ces faits, — ai-je écrit dans mon livre *Crime et suicide* (1), à propos d'une objection que j'adresse à une idée émise par Colajanni, — comme absolument démonstratifs de la dégénérescence, mais comme favorables à l'intervention de celle-ci dans un milieu où l'on est trop enclin à la nier. Je puis en outre affirmer que, dans plusieurs affaires où personne n'avait même songé à ce facteur, il m'a semblé navrant qu'on ne l'ait point aperçu. Car à l'armée comme dans la vie commune, on ne saurait appliquer, sans une révoltante iniquité, une pénalité uniforme à l'homme non taré qui commet le crime avec l'entière notion de ses actes, et à l'homme amoindri par la réduction de sa cérébration ».

La récidivité joue un rôle important dans le crime-délit militaire. Elle n'est malheusement l'objet d'aucune mention dans les statistiques de la Guerre ; celles de la marine lui consacrent un tableau : j'ai résumé, dans le suivant, les chiffres de cinq années.

J'arrête là une étude qui vise seulement à esquisser l'évolution et les conditions générales du crime-délit dans notre armée. Le sujet est vaste et son développement exigerait la matière d'un volume. Tel que j'ai cherché à le limiter, il ne m'a point paru indifférent à écrire : il fait toucher du doigt certaines influences fâcheuses, qu'il importe de pallier ou de détruire, aussi certaines lacunes et défectuosités des statistiques, auxquelles il serait utile de remédier ; il peut servir

____

(1) Page 44.

Conseils de Guerre maritimes
Récidives et réitérations de toutes natures, année moyenne
déduites des 5 années (1878-79-80-81-82)

	CONDAMNATIONS antérieures		Récidivistes condamnés à la suite des poursuites nouvelles	OBSERVATIONS
	pour délits militaires	pour délits communs		
Désertion à l'intérieur	11	23	16	
— à l'étranger.........	6	4	6	
Insoumission	1	18	5	moyenne des années
Aband. de poste ou de faction.	1	1	1	1880-81-82
Refus d'obéissance à supérieur.	6	8	7	
Voies de fait envers supérieur.	2	4	3	
Destruction d'armes d'effets, etc	9	4	4	
Vente et dissip. d'effets milit,..	8	8	7	
Vols punis par la loi militaire..	5	18	15	
Faux en écriture administrative	......	...	......	2 condamnat; (2 délits communs dans une période antérieure).
Coup et blessures	1	2	2	
Vols qualifiés.	1	3	2	
Vols simples, larcins, filouteries abus de confiance	3	9	5	
Autres..............	3	5	4	
TOTAUX.	57	02	77	

d'introduction à l'analyse des rapports et des tableaux qui répondront à l'application de la dernière loi militaire (celle de 1889). Je souhaiterais enfin que cette étude donnât à quelque élève de M. le professeur Lacassagne l'idée d'aborder le dépouillement *complet* des comptes-rendus officiels de l'administration de la justice militaire dans le grand centre lyonnais, où les documents doivent être abondants et bien coordonnés.

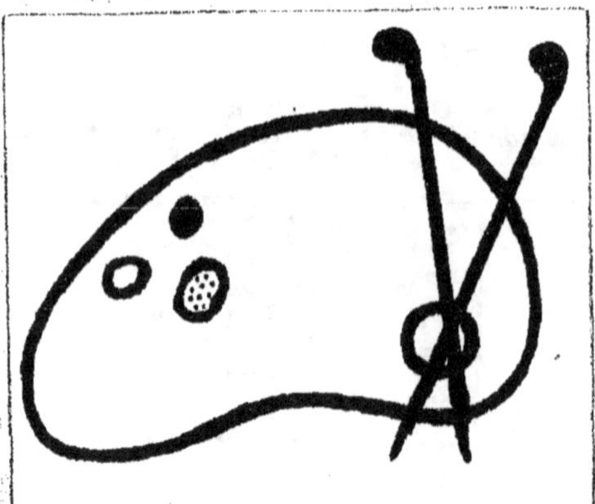

Original en couleur

NF Z 43-120-8

BIBLIOTHÈQUE
DE L'ANTHROPOLOGIE CRIMINELLE ET DES SCIENCES PÉNALES

www.ingramcontent.com/pod-product-compliance
Lightning Source LLC
LaVergne TN
LVHW010431060726
842526LV00005B/1736